Tanja Dongus

Von der präventiven und therapeutischen Wirkung positiver Emotionen und des Humors

GRIN Verlag

Bibliografische Information der Deutschen Nationalbibliothek:

Die Deutsche Bibliothek verzeichnet diese Publikation in der Deutschen National-
bibliografie; detaillierte bibliografische Daten sind im Internet über http://dnb.d-
nb.de/ abrufbar.

Impressum:

Copyright © 2004 GRIN Verlag GmbH
Druck und Bindung: Books on Demand GmbH, Norderstedt Germany
ISBN: 978-3-640-32097-4

GRIN - Your knowledge has value

Der GRIN Verlag publiziert seit 1998 wissenschaftliche Arbeiten von Studenten, Hochschullehrern und anderen Akademikern als eBook und gedrucktes Buch. Die Verlagswebsite www.grin.com ist die ideale Plattform zur Veröffentlichung von Hausarbeiten, Abschlussarbeiten, wissenschaftlichen Aufsätzen, Dissertationen und Fachbüchern.

Besuchen Sie uns im Internet:

http://www.grin.com/

http://www.facebook.com/grincom

http://www.twitter.com/grin_com

Tanja Dongus

FB: Sozialarbeit/Sozialpädagogik

Psychologie – Einführung in die Klinische Psychologie

Von der präventiven und therapeutischen Wirkung positiver Emotionen und des Humors

Inhaltsverzeichnis

1 Einleitung

Manche Wissenschaftler reden davon, dass die *Wohlstands*gesellschaften unter einer *neuen* Seuche leiden: dem Mangel an Freude. Depressionen treten immer häufiger auf. In der BRD leiden etwa acht Prozent der Bevölkerung darunter. Dabei ist auffallend, dass in der Altersgruppe zwischen 15 und 35 vor allem Frauen davon betroffen sind. Betroffene Männer dieser Altersgruppe wählen jedoch häufiger den Suizid als Ausweg. Selbstmord stellt bei den Männern dieser Altersgruppe die zweithäufigste Todesursache nach dem Unfall dar. Auch der Stress und seine Folgeerscheinungen wie Herz-Kreislauf-Probleme breiten sich immer weiter aus (vgl. Qualimedic-Redaktion 2004).

Pearsell (2000, zit. nach Nuber, S.40) spricht in diesem Zusammenhang von einem „Freudemangelsyndrom", welches die Psyche belastet und auf Dauer auch die körperliche Gesundheit gefährdet. Die Unzufriedenheit sei in unserer Überflussgesellschaft „für mehr als jedes vierte Gesundheitsproblem" verantwortlich (vgl. auch Klein 2002, S.15).

Klinische Psychologen fokussieren in der Regel die negativen Gefühle. „Für das Glück aber fühlte sich lange niemand so recht zuständig." (Klein 2002, S.12). Erst seit einigen Jahren vollzieht sich in unserem Gesundheitssystem ein langsamer Wechsel von einer pathogenesen zu einer salutogenesen Sichtweise. Im Rahmen des Salutogenesekonzeptes und ähnlichen, an Ursachenforschung und Prävention interessierten Ansätzen, wird verstärkt nach den vielfältigen Faktoren sowie Gesellschafts- und Umwelteinflüssen gefragt, die Menschen gesund halten. Auch eingebettet in ressourcenorientierte Theorien wird vermehrt angestrebt, Menschen dazu zu befähigen, möglichst selbständig für ihr Wohlbefinden zu sorgen. (vgl. Filsinger/Homfeldt 2001, S.705ff).

Ich möchte im Folgenden den Fragen nachgehen, was Menschen gesund erhalten kann, inwieweit Menschen dafür überhaupt Verantwortung übernehmen können, sowie was einfache, präventive Mittel sein können, sich Depressionen und Stresserkrankungen zu ersparen. Dabei werde ich untersuchen, worin die wohltuende Wirkung des Humors, des Lächelns und des Lachens besteht und wie diese Wirkung nutzbar gemacht werden kann.

2 Was hält Menschen gesund?

Aaron Antonovsky hat sich im Rahmen der Salutogenese, einem von ihm entwickelten Gesundheitskonzept, erstmals umfassend mit der Frage beschäftig, was Menschen gesund erhält – und zwar auch dann, wenn die Umstände denkbar ungünstig sind. Er entwickelte die Theorie des Kohärenzgefühls, dem SOC (sense of coherence) dies „ist eine globale Orientierung, die ausdrückt, in welchem Ausmaß man eine durchdringendes, andauerndes und dennoch dynamisches Gefühl des Vertrauens hat, daß

1. die Stimuli, die sich im Verlauf des Lebens aus der inneren und äußeren Umgebung ergeben, strukturiert, vorhersehbar und erklärbar sind;

2. einem die Ressourcen zur Verfügung stehen, um den Anforderungen, die diese Stimuli stellen, zu begegnen;

3. diese Anforderungen Herausforderungen sind, die Anstrengung und Engagement lohnen." (Antonovsky 1987, S.36)

Er meint damit, dass Menschen, die auch negative Situationen und Erfahrungen (Stressoren), die sie im Leben zu bewältigen haben, in einem hohen Maß verstehen, handhaben und ihnen Bedeutung zumessen können, eher die Chance haben gesund zu bleiben. Dabei können einzelne der oben genannten Punkte mehr oder weniger gut ausgeprägt sein. Gesundheit und Krankheit werden bei Antonovsky als zwei Pole eines Kontinuums betrachtet. Beide gehören zum menschlichen Leben.

Frankl, der als jüdischer Psychologe im zweiten Weltkrieg das Konzentrationslager überlebt hat und seine dortigen Beobachtungen und Überlegungen, in dem Buch „...und trotzdem Ja zum Leben sagen" veröffentlicht hat, spricht im Rahmen der von ihm entwickelten Logotherapie (Therapie durch Sinnfindung), davon, dass der Mensch in *jeder* Situation - da dies das *primäre und zentrale Bedürfnis* der menschlichen Existenz sei - aufgefordert ist einen Sinn zu entdecken. Dies kann sich in einer Situation so äußern, dass man *lebensgestaltend tätig* ist, in einer anderen *ge-*

nießt und wieder eine andere „einfach" *erdulden* muss. Auch er vertritt, wie Antonovsky, die Meinung, dass zum Leben unabänderlich Schattenseiten gehören, denen man nicht ausweichen kann. Leiden und Tod vervollständigen das Leben erst. Der Mensch hat die Aufgabe die Last dieses Leides zu tragen und dabei seine innere Stärke zu beweisen: „Niemand kann es ihm abnehmen, (...). Darin aber, wie er selbst, der von diesem Schicksal Betroffene, diese Leid trägt, darin liegt auch die einmalige Möglichkeit zu einer einzigartigen Leistung." (Frankl 1977, S.108ff)

In beiden Konzepten ist also davon die Rede, dass der Mensch Verantwortung dafür trägt, wie er mit allen Situationen und Erfahrungen seines Lebens umgeht und was er selbst aus schwierigen Situationen macht. Meines Erachtens kommt hier stark zum Ausdruck, was man die Macht der Gedanken nennen könnte.

Nuber (2003, S.40) betont zumindest die *Macht der Einstellung*, wenn sie behauptet: „Eine positive, unbeschwerte Grundhaltung, die auch in schwierigen Situationen nicht verloren geht, ist von unschätzbarem Wert für die Gesundheit." Bereits in der Bibel ist der Vers zu finden: „Ein fröhliches Herz tut dem Leibe wohl" Sprüche 17,22.

3 Die Macht der positiven Emotionen und Gedanken

Im folgenden Abschnitt beziehe ich mich vor allem auf einen aktuellen Artikel von Ursula Nuber mit dem Titel *Freut euch des Lebens!* („Psychologie heute compact" 2003, S.40-44). Sie schildert die Ergebnisse der wichtigsten Studien aus der psychoneuroimmunologischen Forschung, welche die Fachzeitschrift *Advances in Mind-Body-Medicine* von bedeutenden Wissenschaftlern hat zusammenstellen lassen.

Das Emotionen oder die Psyche auch Auswirkungen auf unsere Gesundheit haben wurde zwar schon lange vermutet, wie aber dieses Zusammenspiel letztendlich funktioniert, wurde erst in jüngster Vergangenheit von der Psychoneuroimmunologie (PNI) erforscht. Dabei hat man sich auf die Wechselwirkungen zwischen Verhalten, Nervensystem und Immunsystem konzentriert und herausgefunden, dass gute Gefühle Stress und den dadurch verursachten gesundheitlichen Folgen, entgegenwirken.

Auf das Immunsystem haben sie sogar eine anregende Wirkung. Des weiteren begünstigen sie, da sie Nervenverbindungen im Gehirn wachsen lassen, sogar die Leistungen unseres Geistes (vgl. Klein, S.16). Voraussetzung dafür ist, dass man sich positive Gedanken hingibt und nicht alles zu realistisch sieht. So konnten PNI-Forscher feststellen, dass Aids-Kranke, die aufgrund ihrer Diagnose nicht völlig resignierten, sondern eher optimistische, wenn auch unrealistische Erwartungen hegten, eine längere Lebenserwartung von durchschnittlich neun Monaten hatten, als allzu nüchtern denkende Patienten. Auch konnte erkannt werden, dass sich bei „Illusionisten" nach einer Infektion der Ausbruch der Aidserkrankung hinauszögert.

Des Weiteren hat man untersucht, welche Auswirkungen Stress auf die Wundheilung hat. Diesbezüglich hat man entdeckt, dass bei durch Prüfungsstress stark beanspruchten Versuchspersonen Wunden schlechter heilten, als bei Menschen in entspannten Lebensumständen. Auch das lange Ausharren in einer belastenden ehelichen Situation erhöhen das Risiko zu erkranken. Dies betrifft vor allem Frauen, da sich Männer einer solchen Situation früher entziehen.

Menschen, die sich geliebt fühlen, geht es besser. Eine Langzeitstudie deckte auf, dass Studenten, die in ihrer Kindheit ihre Eltern als „abweisend, streng, hart arbeitend und wenig fürsorglich" beschrieben, im mittleren Alter eindeutig öfter unter „Herzkrankheiten, Bluthochdruck, Alkoholismus" litten, als diejenigen Testpersonen, die ihre Eltern als liebevoll schilderten.

Eine weitere PNI-Forscherin hat sich mit dem Kohärenzgefühl befasst und entdeckt, dass ältere Menschen bei denen ein solches ausgeprägt vorhanden war, nach einem Umzug ins Altenheim weniger anfällig für Krankheiten waren als andere Heimgenossen.

Nuber fasste alle Entdeckungen bezüglich der Lebensfreude so zusammen: „Wer die Realität durch eine rosarot getönte Brille sieht, wer sich geliebt fühlt, Stresssituationen entschärfen kann und auch in schwierigen Lebensphasen einen Sinn im Leben sieht, erfreut sich besserer Gesundheit als Menschen, denen negative Emotionen jede Freude rauben." (Nuber, S.43).

So ergibt sich, dass wir Menschen auch eine gewisse Verantwortung für unser Wohlbefinden tragen und es zu einem gewissen Grad präventiv mitentscheiden können fit zu bleiben, denn wie „wir unseren Alltag subjektiv erleben, hat einen direkten Einfluss auf unsere Gesundheit, unsere Immunabwehr und unsere Heilung. Daraus ergibt sich die Lehre, dass ein Erlebnis nicht das ist, was uns widerfährt, sondern was wir aus dem machen, was uns widerfährt."
(Pearsell 2000, zit. nach Nuber, S.43).

Und doch darf man sich die Schuld bei einer Erkrankung nicht nur bei seiner Einstellung suchen, denn erst eine entsprechende Disposition gepaart mit den negativen Einwirkungen des Stress, der u. U. auch von der Umwelt verursacht ist, und dem ungeeigneten Verhalten ergeben erst das „gefährliche Gemisch, dass das Immunsystem schwächen kann." (Nuber S.44, vgl. auch Klein 1998, S.14; 65f).

Doch wenn man die Einstellung und das sich daraus ergebende Verhalten wenigstens positiv beeinflussen kann, warum sollte man es dann nicht tun?

Forscher sind der Meinung, dass sich schon ab dem Säuglingsalter eine Einstellung zum Leben und zur Einschätzung der Selbstwirksamkeit aufbaut. Die Entwicklung dieser Grundhaltung ist laut Antonvsky bis zum dreißigsten Lebensjahr relativ abgeschlossen und nur noch sehr schwer veränderbar. Des weiteren hat man auf manche Faktoren, die dem Erwerb einer positiven Lebenseinstellung dienlich sind, nur sehr wenig Einfluss: so kann sich ein Baby sich nicht aussuchen, ob es bei Bezugspersonen aufwächst, die es lieben.

Welche einfache Möglichkeiten kann es trotzdem geben, etwas effektives für positivere Emotionen und somit für die Gesundheit zu tun? Bislang war die Ansicht verbreitet, dass man auch seine negativen Emotionen und Gefühle zulassen und keinesfalls verdrängen soll. Klein (2002) ist aber der Meinung, dass man sich nicht zu lange darin „suhlen" solle, sondern dass man als Subjekt dafür verantwortlich sei, diesen Gedanken etwas Positives entgegenzusetzen. „So sind wir dafür eingerichtet, unsere angeborenen Triebe, Lüste und Ängste in geordnete Bahnen zu lenken. (...) Indem wir unsere Gedanken und Gefühle bewusst steuern, können wir der Niedergeschlagenheit und sogar Depressionen entgehen." (ebd., S.17/18, vgl. auch 60ff).

Außer einer förderlichen Lebensweise, die gesunde Ernährung und ausreichend sportliche Betätigung beinhaltet, könnte meines Erachtens die Ausbildung von Humor erstrebenswert sein. Laut Duden wird Humor als die „Fähigkeit, Gabe eines Menschen, der Unzulänglichkeit der Welt u. der Menschen, den Schwierigkeiten u. Missgeschicken des Alltags mit heiterer Gelassenheit zu begegnen, sie nicht so tragisch zu nehmen u. über sie u. sich lachen zu können." bezeichnet.

3.1 Die Wirkung des Humors

Während sich Antonovsky in seinem Werk nicht explizit mit dem Humor und den Auswirkungen des Lachens beschäftigt hat, widmet Frankl (1977) gleich ein ganzes Kapitel dem Lagerhumor (vgl. S.74-77). Er bezeichnet ihn als „eine Waffe der Seele im Kampf um ihre Selbsterhaltung." (ebd., S.74). Dieser stellt seines Erachtens einen „Trick so recht im Sinne einer Art Lebenskunst" (ebd., S.75) dar, sich von der unmittelbaren Ernsthaftigkeit der Situation zu distanzieren bzw. sich über sie zu erheben.

Sehr ausführlich hatte sich zuvor Freud mit dem Witz, aber auch mit dem Humor auseinandergesetzt. Der Humor birgt seiner Ansicht nach die Möglichkeit zur Affektersparnis. Negative Gefühlsregungen, wie zum Beispiel Mitleid, Ärger, Schmerz werden dabei nicht unterdrückt, sondern lediglich durch den Humor ersetzt. Durch diese Abwehrleistung ergibt sich überdies ein Lustgewinn. Das negative Gefühl kann allerdings nicht vollständig erspart werden, bekommt aber wenigstens einen heiteren Beigeschmack (vgl. Frings 1996, S.16; Blum 1980, S.25). Jahre später erweitert er seine Einsichten über den Humor noch indem er aussagt: „Das Großartige liegt offenbar im Triumph des Narzissmus, in der siegreich behaupteten Unverletzlichkeit des Ichs. Das Ich verweigert es, sich durch die Veranlassungen aus der Realität kränken, zum Leiden nötigen zu lassen, es beharrt dabei, daß ihm die Traumen der Außenwelt nicht nahe gehen können, ja es zeigt, daß sie ihm nur Anlässe zu Lustgewinn sind" (Freud 1927, zit. nach Frings 1996, S.18). Das Über-Ich, dass sich sonst eher streng äußert, meldet sich beim humorvollen Menschen eher liebevoll-relativierend, indem es ausdrückt: „Sieh her, das ist nun die Welt, die so gefährlich aussieht. Ein Kinderspiel, gerade gut, einen Scherz darüber zu machen!" (Freud 1927, zit. nach ebd. S.29).

Positiv ist beim Humor außerdem, dass er relativ bescheiden ist, man kann ihn auch alleine genießen, es braucht nicht zwingend eine weitere Person um humorvollen Gedanken nachzugehen. Allerdings spricht auch nichts dagegen andere Anteil haben zu lassen. Es ist auffällig, das Menschen gern mit humorvollen Personen zusammen sind, und so beinhaltet der Humor auch eine soziale Komponente (vgl. Blum 1980, S.25).

3.2 Die Wirkung des Lächelns

„Warum lächelst du nie, Momo?" fragte mich Monsieur Ibrahim. Diese Frage traf mich wie ein Faustschlag ins Gesicht, ein Tiefschlag, auf den ich nicht vorbereitet war. „Lächeln ist nur was für reiche Leute, Monsieur Ibrahim. Das kann ich mir nicht leisten."(...) „M'sieur Ibrahim, wenn ich sage, daß Lächeln nur was für reiche Leute ist, dann will ich damit sagen, daß es nur was für glückliche Leute ist." „Na, da irrst du aber. Es ist das Lächeln, das glücklich macht." (...)
Am nächsten Tag benehme ich mich wirklich wie ein Blöder, als ob mich in der Nacht was gestochen hätte: Alle und jeden lächle ich an. „Nein, Madame, ich bitte um Entschuldigung, die Aufgabe in Mathe hab ich nicht verstanden." Zack: Lächeln! (...) „Gut, Moses[1], ich werde sie dir noch einmal erklären." Noch nie erlebt. Kein Anschnauzer, kein Tadel. Nichts. (Schmitt 2003, S.29ff)

Im Roman macht Moses von da an noch öfters die Erfahrung, dass seine Umwelt – einzig durch das, wenn auch „Zack!" künstlich aufgesetzte Lächeln – auf eine positive Weise auf ihn reagiert als bisher. Das Lächeln dient in diesem Beispiel nicht als Ausdruck von Emotionen, sondern als Kommunikationsmittel. Dieses Funktion des Lächelns deckt sich mit den Ergebnissen der Studie von Kraut und Johnson (1979, vgl. auch Brunner 1979, zit. nach Krech/Crutchfield 1969, S.70), die zu dem Schluss kamen, dass das Lächeln in den meisten Fällen eher die Aufgabe einer „sozialen Geste" hat.

Ekman unterscheidet zwischen 19 verschiedenen Arten zu lächeln. Aber nur eine Art sei das „richtige" Lächeln. Dieses nannte er nach dem Entdecker des daran beteiligten Augenringmuskels, dem *orbicularis oculi*, das

---

1 Moses wird nur von Monsieur Ibrahim, wie oben Momo genannt; Anm. T.D.

Duchenne-Lächeln. Außer diesem Muskel ist, wie bei den anderen Arten des Lächelns natürlich auch, der *zygomaticus major* beteiligt, das ist der Muskel der vom Jochbein bis zu den Mundwinkeln verläuft. Es wurde herausgefunden, dass das echte Lächeln nicht nur ein Zeichen für einen heiteren Gefühlszustand ist, sondern gleichzeitig „ein Auslöser für positive Emotionen" (Titze/Eschenröder 1998, S.24, vgl. auch Klein 2003, S.29; 37ff).

Diese Erkenntnisse liegen der *Therapie des bewussten Lächelns* zugrunde, deren Wirkung Ekman in einigen Untersuchungen belegt hat (Ekman & Friesen 1982 und Ekman 1988, zit. nach Titze, S.24). So hat er in Experimenten z.b. festgestellt, dass bei der Simulation von negativen Emotionen, das Autonome Nervensystem stärker aktiviert ist. Dies äußert sich unter anderem durch einen schnelleren Herzschlag sowie durch Ansteigen der Fingertemperatur. Sobald jedoch über die Mimik positive Emotionen ausgelöst werden, wird dieses „Alarmsystem" wieder beruhigt. Da nach diesen Ergebnissen davon ausgegangen wird, dass „es eine direkte und zentrale Verbindung zwischen der Muskelaktivität und den entsprechenden Hirnzentren gibt" (ebd. S.25) liegt die Folgerung nahe, Menschen, die unter Depressionen oder Ängsten leiden immer wieder zu motivieren, bewusst „richtig" zu lächeln, das kann nämlich trainiert werden.

3.3 Die Wirkung des Lachens

Eine weitere Äußerung aufgrund eines Humorerlebnisses ist das Lachen. Während der Volksmund, wenn auch nicht wirklich ernstgenommen, schon lange behauptet: „Lachen ist die beste Medizin" haben sich Wissenschaftler, vor allem in den USA im Rahmen der Gelotologie (*gelos*, griech.: Lachen) tatsächlich mit der Frage befasst, welche Wirkungen das Lachen auf die psychische und physische Gesundheit hat. Mitausgelöst wurde diese Forschungsrichtung von den Erkenntnissen Norman Cousins (1981). Nachdem die Ärzte bei ihm in den Siebzigern eine unheilbare Krankheit diagnostiziert hatten, versuchte er sich - angeregt durch Forschungsergebnisse, welche die ungünstige Auswirkung negativer Emotionen auf den Krankheitsverlauf bestätigten – unter anderem durch witzige Bücher und Filme sowie durch die angenehmere Atmosphäre eines Hotelzimmers, in einen heiteren Gemütszustand zu versetzen, da er wissen wollte, ob positive Emotionen – im Umkehrschluss – den Krankheitsverlauf günstig beeinflussen könnten. Die Behandlung hatte Erfolg und einige Mediziner machten sich an die Aufgabe, die Wirkung des Lachens zu untersuchen. In der Folge erkannte auch Patch Adams, wie wichtig Krankenhausclowns für die Patienten sein können. In der BRD gibt es mittlerweile Lachclubs, in denen man durch spezielle Übungen zum Lachen angeregt werden soll. Lachclub-Freiburg (2004) hat auf seiner Homepage die Vorteile des Lachens in zehn Punkten zusammengefasst:

☺ „Muskeltraining ohne Anstrengung"
☺ „Erleichtert Kontakte"
☺ „Vermeidet Depressionen"
☺ „Verbessert den Schlaf"
☺ „Lifting"
☺ „Schmerzlindernd"
☺ „Sauerstoffzufuhr für den Körper"
☺ „Hilfe für die Verdauung"
☺ „Bekämpft Stress"
☺ „Bringt Farbe ins Gesicht"

Diese Behauptungen möchte ich nun mit Hilfe von Klein (2002, S. 28ff) und Titze/Eschenröder (1998) genauer untersuchen.

Die physiologischen Vorgänge beim Lachen hat Darwin bereits vor 120 Jahren sehr genau geschildert und jüngst hat Rubinstein (1985) diese Untersuchung wieder aufgenommen. Danach verbreitet sich länger andauerndes Lachen wellenartig im gesamten Körper. Durch die Aktivierung der Brustmuskeln und der Muskeln, die für die Ausatmung verantwortlich sind sowie durch die intensive Lachatmung kommt ein erhöhter Gasaustausch zustande. Das wiederum begünstigt die Sauerstoffanreicherung im Blut, dadurch werden die Verbrennungsvorgänge begünstigt, was sich positiv auf den Stoffwechsel der biologischen Fette auswirkt. Das Ausatmen der nicht mehr benötigten Kohlensäure, wird durch die abgehackte Lachatmung stetig ausgestoßen. Rubinstein (1985, zit. nach Titze/Eschenröder 1998, S.20) bemerkt, dass die Atmung des Lachens erstrebenswert ist, da sie „gerade durch ihre Merkmale die Alkalose[2] bekämpft und die Angst vermindert." Es werden außerdem noch positive Wirkungen auf die Bronchien, die Lungen, die oberen Luftwege sowie auf die Absonderung von

---

2 auf Basenüberschuss oder Säuredefizit im Blut beruhender Zustand, der zu neuromuskulärer Übererregbarkeit führen kann; Anm. T.D.

Cholesterin erwähnt. Auch wird positiv vermerkt, dass sich der Herzschlag zunächst steigert, um sich anschließend dauerhaft zu senken und dass sich sogar Arterienmuskulatur entspannt wodurch das Volumen der Gefäße erhöht und der Druck verringert wird. Zu einem durchblutenden Effekt, kommt anschließend ein entspannender (vgl. ebd.17ff).

Hinzu kommt die neurohormonale Auswirkung des Lachens. Ursprung der Affekte ist das Lustzentrum im limbischen System. Der Transfer der Gefühlsreaktionen „erfolgt im neurovegetativen System über die Neurotransmitter, die im Bereich der Synapsen (...) wirken. Sie beeinflussen die Impulsüberleitung. Die Aktivität der Neurotransmitter wird durch bestimmte Hormone bzw. ‚Neuromodulatoren' erweitert oder vermindert. Dazu gehören Endorphine (‚inneres Morphium') und die Enkephaline. Der Neurologe Fry (1989, 1993) stellte in kontrollierten Untersuchungen fest, daß nach einem ausgiebigen Lachen die körpereigene Hormonproduktion zum einen gesteigert wird und zum anderen die Zirkulation gewisser Immunsubstanzen für Stunden erhöht ist." (zit. nach ebd., S.21f, vgl. auch Klein, S.31; 76).

So kommt letztlich sowohl eine schmerzlindernde als auch das Immunsystem stärkende Wirkung zustande.

4 Konsequenzen

Während sich die etablierten Therapieformen sich – trotz Freuds Humortheorien – nur peripher mit der Anwendung von Humor auseinandersetzen, gibt es einige andere psychotherapeutische Ansätze, in denen dieser mehr Platz eingeräumt wird. Hierzu zählen laut (Titze/Eschenröder 1998) die Individualpsychologie Adlers, die Verhaltenstherapie, das Psychodrama, die Gestalttherapie, die Rational-emotive Therapie, Systemische Therapien, die Transaktionsanalyse und die Kreative Aggressionstherapie. Die weiter oben erwähnte Logotherapie beinhaltet den Humor in der Methode der Paradoxen Intention und Farelly (1986) entwickelte in den Sechziger Jahren die Behandlungsweise der Provokativen Therapie, welche für ihre Intervention mit Hilfe des Humors am bekanntesten ist (vgl. Frings 1996, S.45). Es würde den Rahmen dieses Referates sprengen darauf näher einzugehen, erwähnen möchte ich aber, dass sie hauptsäch-

lich in der Behandlung von chronisch Schizophrenen, Depressiven, Sucht-
kranken angewandt wird, denen vom Therapeuten eine grundsätzliche
Haltung von Empathie und Wohlwollen entgegengebracht werden soll. Ziel
ist es dem Ratsuchenden bewusst zu machen, dass er verantwortlich für
sein Leben ist, dass nur er selbst die Lösung seiner Probleme kennt, und
dass es Realitäten im Leben gibt, die alle Menschen akzeptieren müssen.
Außerdem ist es von wesentlicher Bedeutung, dass der Patient einen Wil-
len hat. Er soll ermutigt werden eigenständig seine Probleme zu bewältigen.

Was kann man aber gegen das „Freudemangelsyndrom" unter-
nehmen, bevor es soweit kommt, dass man therapeutische Hilfe in An-
spruch nehmen muss?

Man könnte die nach Nuber (2003) zusammengestellten Tipps befolgen:

- Ohne lange zu grübeln, einfach tun, was konträr zum negativen
  Gefühlszustand ist;
- Geteiltes Leid ist zwar halbes Leid, aber schlechte Laune kann an-
  steckend sein, deshalb sollte man – bei einer Neigung zur Niedergeschlagenheit – darauf achten in welcher Gesellschaft man sich
  befindet;
- Sich Illusionen erlauben;
- Sich in Gelassenheit üben. Diese resultiert daraus, dass man sich
  selbst und die bedrängende Situation nicht ganz so wichtig nimmt
  (Humor!);
- Distanz kann man auch erreichen, wenn man die Gefühle und Er-
  lebnisse aufs Papier bringt! Hier sind meines Erachtens auch andere Ausdrucksmöglichkeiten, wie Kunst und Musik hilfreich.
- keep smiling ☺!

Klein (2002, S.13) beweist Optimismus indem er behauptet: „Mit den rich-
tigen Übungen kann man seine Glücksfähigkeit steigern. Wir können unsere natürliche Anlage für die guten Gefühle trainieren, so, wie wir uns
eine Fremdsprachen aneignen."

5 Schluss

Zusammenfassend lässt sich sagen, dass es von verschiedenen Faktoren abhängig ist ob man gesund bleibt. Eine Rolle spielen, die Veranlagung, äußere Einflüsse, die sich aus Umwelt und sozialem Milieu ergeben, aber eben auch Emotionen und wie man darauf mit seinem Verhalten reagiert. Ausgehend von einem christlichen Menschenbild, halte ich es für wichtig – wie sowohl Antonovsky als auch Frankl[3] - zu betonen, dass sich Menschsein durch Gefühl, Denkfähigkeit und Kreativität auszeichnet, was auch mit einer gewissen Verantwortlichkeit einher geht. In diesem Sinne müssen Geist, Seele und Leib gleichermaßen gepflegt werden. Auch ich bin der Meinung, dass sowohl Gesundheit als auch Krankheit und letztlich der Tod zum Leben gehören, und dass es nicht sinnvoll ist sich dagegen aufzulehnen – im Sinne von übersteigerter Wut, Selbstmitleid – sondern es gilt, die Hoffnung zu bewahren. Hier kann eine humorvolle Einstellung hilfreich sein.

Bemerkenswert finde ich in diesem Zusammenhang, was Albert Schweitzer einmal gesagt hat: „Optimismus und Pessimismus bestehen nicht darin, daß sie mit größerer oder geringerer Zuversichtlichkeit dem gegenwärtigen Zustand der Dinge eine Zukunft zutrauen, sondern in dem, was der Wille als Zukunft will. Sie sind nicht Urteils-, sondern Willensqualitäten."

Fraglich ist aber meines Erachtens noch, ob einem die Lust am Lachen nicht vergehen könnte, wenn sie zur Übung wird. Sollte man nicht eher die Vielfalt der Möglichkeit nutzen, die einem positive Emotionen verschaffen können?

Auch ein Vorgehen nach dem reinen Lustprinzip ist fraglich, denn was ist, wenn für manche Menschen grausame Handlungen mit positiven Emotionen und der Ausschüttung von „Glücks-Hormonen" verbunden sind? Das Streben nach Glück und somit Gesundheit kann nicht erste und alles legitimierende Priorität sein.

Und doch kann es nicht schaden, im menschenwürdigen Rahmen, nicht der Krankheit, dem Pessimismus, und dem Unglück zu huldigen.

---

[3] die beide durch ihre jüdische Abstammung wahrscheinlich zumindest eine ähnliche Sicht des Menschen hatten

In seiner „Anleitung zum Unglücklichsein", deren *Nicht*befolgen der erste Schritt zu positiveren Gedanken ist, bemerkt Watzlawick (1983, S.10): „Es ist höchste Zeit, mit dem jahrtausendealten Ammenmärchen aufzuräumen, wonach Glück, Glücklichkeit und Glücklichsein erstrebenswerte Lebensziele sind."

6 Literaturverzeichnis

Antonovsky, Aaron (1987): *Salutogenese: zur Entmystifizierung der Gesundheit.* (Dt. erweiterte Herausgabe von Alexa Franke). Tübingen: Deutsche Gesellschaft für Verhaltenstherapie (DGVT), 1997

Blum, Annelies (1980): *Humor und Witz. Eine psychologische Untersuchung.* Abhandlung zur Erlangung der Doktorwürde der Philosophischen-Fakultät I der Universität Zürich.

Brunner, L. (1979): *Smiles can be back channels.* In: Journal of Personality an Social Psychology, 37, S.1539-1553

Cousins, Norman (1981): *Der Arzt in uns selbst. Die Geschichte einer erstaunlichen Heilung – gegen alle düsteren Prognosen.* Reinbeck bei Hamburg: Rowohlt

Ekman, P./Friesen, W.V. (1982): *Measuring facial movement with the Facial Action Coding System.* In: Ekman, P. (Hrsg.): Emotion in the Human Face. Cambridge: Cambridge University Press

Ekman, P. (1988): Gesichtsausdruck und Gefühl. Paderborn: Junfermann

Ekman, P. et al. (1990): *The Duchenne Smile : Emotional expression and brain physiology II.* In: Journal of Personality and Social Psychology 58, 2, S.342-353

Farelly, F./Brandsma, J.M. (1986): *Provokative Therapie.* Berlin, Heidelberg: Springer

Filsinger, Dieter/Homfeldt, Hans G. (2001): *Gesundheit und Krankheit.* In: Otto, Hans-Uwe/Thiersch, Hans (Hrsg.): Handbuch der Sozialarbeit/Sozialpädagogik (2. völlig überarb. Aufl.). Neuwied, Kriftel: Luchterhand

Frankl, Viktor E. (1979): *Der Mensch vor der Frage nach dem Sinn* (16. Aufl.). München, Zürich: Piper, 2003

Frankl, Viktor E. (1977): *...trotzdem Ja zum Leben sagen. Ein Psychologe überlebt das Konzentrationslager* (23. Aufl.). München: Deutscher Taschenbuch Verlag, 2003

Freud, Sigmund (1927): *Der Humor.* Gesammelte Werke, Band 14

Frings, Willi (1996): *Humor in der Psychoanalyse. Eine Einführung in die Möglichkeiten humorvoller Intervention.* Stuttgart, Berlin, Köln: Kohlhammer

Fry, W.F. (1989) *Humor, physiology, and the aging process.* In: Nahemow, L., McCluskey-Fawcett & Mc Ghee, P.H. (Hrsg.), Humor and Aging. New York, Academic Press, 81-98

Fry, W.F. (1993): *Medical Perspectives on Humor.* Humor & Health Letter, 2 (1), 1-4.

Klein, Stefan (2002): *Die Glücksformel oder wie die guten Gefühle entstehen.* Reinbeck bei Hamburg: Rowohlt, 2003

Kraut, R./Johnson R. (1979): *Social and emotional messages of smiling: An ethological approach.* In: Journal of Personality and Social Psychology, 37, S.728-734

Krech/Crutchfield (1969): *Grundlagen der Psychologie.* Weinheim: Psychologie Verlags Union 1992

Lachclub-Freiburg (2004): 10 Gründe. Online im Internet: URL: http://lachclub-freiburg.de/index.htm [Stand: 30.08.2004].

Nuber, Ursula (2003): *Freut euch des Lebens!* In: Psychologie Heute Compact, Heft 9. Weinheim: Beltz, S.40-44

Pearsell, Paul K. (2000): *Aloha – die Lust am Leben.* Freiburg: Bauer

Qualimedic-Redaktion (2004): Online im Internet: URL: http://hausarzt.qualimedic.de/Depressionen-Statistik.html [Stand: 29.08.2004].

Rubinstein, H. (1985): Die Heilkraft Lachen. Bern: Hallwag

Schmitt, Eric-Emmanuel (2003): *Monsieur Ibrahim und die Blumen des Koran* (20. Aufl.). Zürich: Ammann Verlag & Co.

Titze, Michael/Eschenröder, Christof T. (1998): *Therapeutischer Humor. Grundlagen und Anwendungen* (4. Aufl.). Frankfurt a. M.: Fischer, 2003

Watzlawick, Paul (1983): *Anleitung zum Unglücklichsein* (24. Aufl.). München: Piper, 2002